U0690008

浦阳江流域（萧山）文化研究丛书编委会

丛书主编：吴金炉

副 主 编：程益明

丛书编委：（以姓氏笔画为序）

　　　　马　骥　杜伟东　陈依诺　金伟国

　　　　胡建权　倪　琼　常小湃　裘陆铭

本册主编：金关松

副 主 编：程益明

本册编委：（以姓氏笔画为序）

　　　　马　骥　杜伟东　金伟国　倪　琼　裘陆铭

浦阳江流域（萧山）文化研究丛书

吴金炉 主编

多样化选修课教材

XIAOSHANYAO

萧山窑

浦阳江流域（萧山）文化研究丛书编委会　编著

ZHEJIANG UNIVERSITY PRESS
浙江大学出版社

总　序

　　当今时代，经济社会的快速发展对人才提出了多层次多样化的要求。高中教育是人才培养的重要阶段，为此，必须深化普通高中课程改革，推进普通高中多样化和特色化发展，为每个学生提供适合的教育，以满足不同潜质学生的发展需要。课程是育人的关键。转变育人模式，就必须构建富有时代精神、体现多元开放、充满生机活力、多层次、可选择的学校课程体系，充分尊重学生学习的自主权，引导学生自主选择、自主学习、自主发展，实现学生全面且有个性的发展。

　　直木造梁，弯木造犁，为了满足每位学子各得其所、各展其长的发展需要，杭州市萧山区第二高级中学提出了"幸福发展"的理念，主要以"幸福课程"为中心开展教育教学活动。"幸福课程"就是学生能在多样的课程中自主地选择喜爱的课程，教师创设能激发学生求知欲的情境，让学生快乐地接受、探究知识，并获取科学的探究方法。通过"幸福课程"的建设来培养具有"责任意识、身心健康、学有专长、国际视野"品质的学生。

　　萧山第二高级中学经过六年的课程建设探索，已经形成了"发现兴趣点、夯实衔接点、生成研究点、探索拓展点"的课程建设总思路。学校秉着"人尽其才、物尽其用"的原则，利用和挖掘校内师生智慧、校友资源、地域文化资源、高校力量等，架构了具有二中特色的多样化的幸福课程体系，以满足学生多样化发展的需求，拓展学生的学习领域，优化学生的学习方式，培养学生成长的正能量，启迪学生专业发展方向和未来职业取向，为学生未来幸福发展奠定基础。

　　本丛书是学校基于校情、学情，依托地方文化资源、社会资源等开发的"幸福课程"系列。学校将基于学生兴趣特色不断加强研究，丰富和完善课程内容，以形成具有二中特色的课程体系。

《浦阳江流域（萧山）文化研究丛书》编委会

目 录

前　言

　　《萧山窑》为浦阳江流域（萧山）文化研究丛书之一，主要阐述萧山窑的基本情况及古陶瓷文化。作为中学的选修课程教材，本书力在普及古陶瓷知识，传承历史文化。

　　萧山窑孕育于越地的悠远历史中，又尽占优越的地理环境，众多窑场星星点点分布于浦阳江两岸，浦阳江清澈的水滋育了一代代的萧山窑，也维持了一代又一代人的生计。萧山窑出产的印纹陶、原始瓷和青瓷，无论器形还是纹饰都尽显饱满挺拔、端庄不凡之气度，不仅满足了本地人的需求，而且不断销往外地，深得人们喜爱。

　　春秋战国时期的印纹陶由彩陶、黑灰陶等普通陶器发展而来，胎质细腻坚硬，器身上拍印各种几何图案，器形饱满丰润，集审美和实用于一身。原始瓷是陶向瓷过渡阶段的产物，器表已有施釉现象，标志着瓷器制作的开始，是古人在实践中的一次创新发展。随着对原料处理的细腻程度和烧制工艺的提高，原始瓷不断蜕变，最终烧制成青瓷，春秋战国时期的茅湾里窑址烧制的原始瓷就已接近成熟青瓷。越州地区的青瓷以瓷质细腻、线条明快流畅、造型端庄浑朴、色泽纯洁斑斓广为人们喜爱，不仅满足了人们经济实用的需求，更是满足了人们的审美情趣。晚唐诗人陆龟蒙曾赋诗"九秋风露越窑开，夺得千峰翠色来"，赞美青瓷类冰似玉。此外，还有众多形容青瓷的华丽辞藻，如"明月染春水"、"薄冰盛绿云"、"古镜破苔"、"嫩荷涵露"等，从中我们也可约略窥得青瓷的魅力。

　　本书将按年代先后对萧山窑的几个古窑址和陶瓷制品做一些普及性的介绍，让读者对这一地区的古陶瓷文化有一个初步的了解。也为普及古陶瓷知识、传承历史文化，尽我们的绵薄之力。

第一章

概　述

　　萧山位于钱塘江南岸，宁绍平原西部，东邻绍兴，南接诸暨，西连富阳，北濒杭州湾，陆域面积1420平方公里。萧山的中部和北部为平原，南部则主要为山地，属低山丘陵，山地面积259.5平方公里。萧山窑的大部分窑址集中于萧山南部。

　　萧山窑孕育于悠久的历史中，继河姆渡、良渚等史前陶文化而后发，且依托于越国政治文化的中心地位，早自春秋，晚迄南朝，前后延续了1300多年，为越窑的早期形态，在中国陶瓷史上留下了辉煌的一页。

历史上的萧山窑

萧山窑是萧山南部浦阳江两岸的古陶瓷文化与遗址的统称，始于春秋战国，鼎盛于六朝，隋唐时趋于衰微。萧山窑这一名称源于1954年7月在萧山发现的三处窑址：一是浦阳江北岸进化镇茅湾里春秋战国时期印纹陶和原始瓷窑址，其余两处是浦阳江南岸戴村镇的上董村和石盖村东汉至南朝时期的窑址。

自然地理环境

萧山窑的大部分窑址集中于萧山南部的浦阳江两岸。浦阳江流域的下游，多低山丘陵，间有小块河谷平原，非常适宜人类居住。早在新石器时代就有人类在这块土地上繁衍生息，留下了许多遗址。经文物部门鉴定的新石器时代遗址就有四处：进化镇的茅草山遗址、所前镇的金山遗址、义桥镇的傅家山和眠犬山遗址。这四处遗址彼此相距不远，且与发现8000年前独木舟的跨湖桥遗址仅相隔几公里。

萧山窑产生于此，有人类长期生活和劳动积累的主观因素，也有山地、水文、土壤等自然地理环境的客观因素。萧山南部的山地是龙门山、会稽山与天目山的分支和余脉，可分为低山、高丘、低丘等，海拔大多在500米以下，山体基本呈西南—东北方向展布。

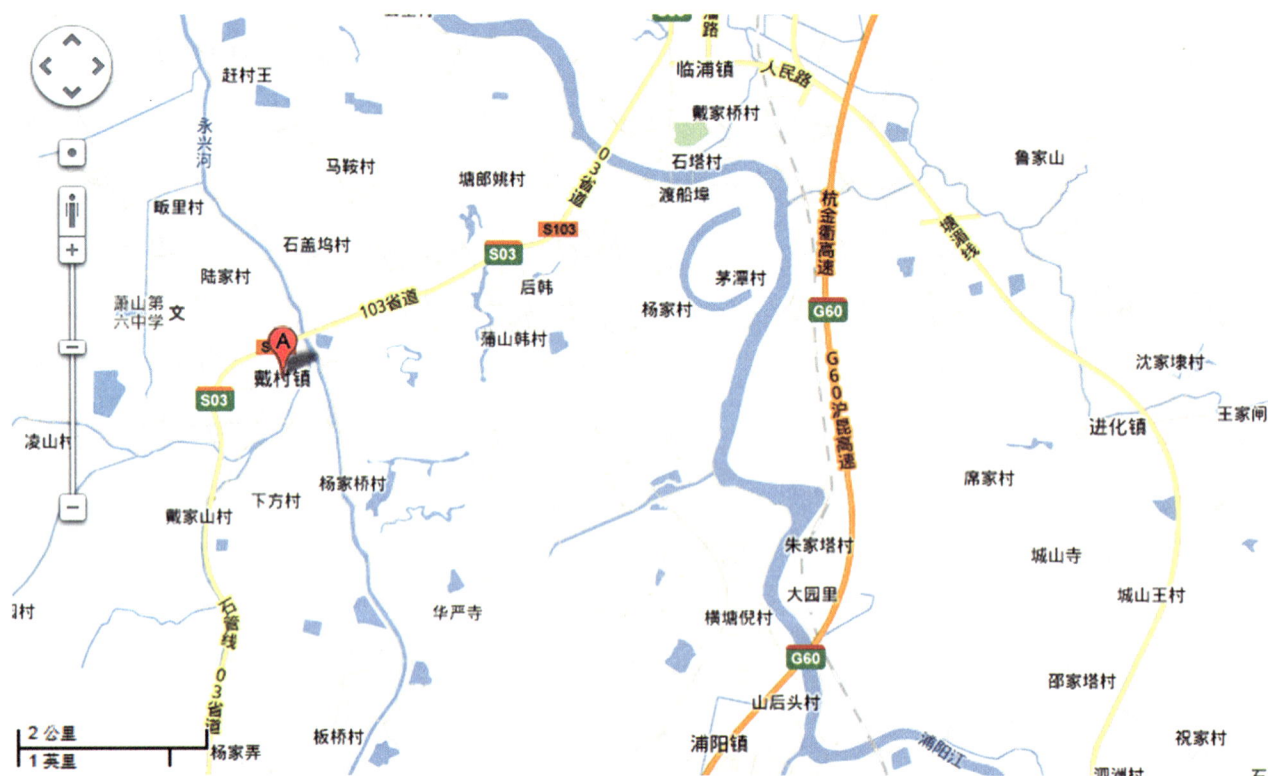

进化镇　戴村镇

龙　窑

　　烧制陶瓷需要摄氏 1000 度以上的高温，大量的低山丘陵为之提供了充足的木材燃料。另一方面，低山丘陵也影响了窑的形制，与北方的馒头窑、葫芦窑不同，萧山窑以龙窑为主。龙窑依山顺势而建，与地平线构成 10 至 20 度角，窑身呈长条形倾斜砌筑，外观上形似一条长龙由下而上，故称龙窑。春秋战国时期萧山窑就已经普遍采用龙窑烧制陶瓷，如茅湾里窑址、安山窑址都是典型的龙窑窑址。龙窑的优势在于：窑炉下部生火，通风力强，而且利用窑炉本身的自然抽力，火势大、升温快，较容易维持窑炉内的温度。另外还可根据生产需要，增加窑的长度，提高窑的装烧量和产量。

　　南部和西南部的低山丘陵与河谷平原地区，分布着以浦阳江为干流、呈树枝状扩布的河网系统，包括永兴河、凌溪、凰桐江、径游江等。丰富的水流不仅解决了人们的生活和生产用水，也便于交通，为陶瓷产品销往外地提供了有利条件。北方的墓葬中都曾发现了越窑青瓷，可见其陶瓷产品销售区域的广阔。

　　当然最为重要的是陶瓷的原料——黏土，制作陶瓷的第一步工序便是采石制泥，即开采当地的黏土或岩石碾碎成泥。萧山南部就有丰富的矿藏，如茅湾里窑址附近的紫金土、白墡泥，城隍山窑址附近的红褐色黏土等都是陶瓷的重要原料。

【黏土】

　　传统陶瓷生产的重要原料。它是一种具有层状结构、含水铝硅酸盐的晶体物质，其主要成分是硅和铝的氧化物，此外还含有钾、钠、镁、钙、铁、钛等氧化物。

　　黏土具有较好的可塑性，容易成形，并且在火的烧炼下能够变得坚硬致密。硅、铝成分是陶瓷的骨架材料，钾、钠、镁、钙、铅等碱性金属氧化物属于易熔和助熔材料，铁、钛氧化物在陶瓷中起呈色作用。

历史环境

长江流域有着良好的制陶文化，如余姚河姆渡文化、马家浜文化和良渚文化等，这些文化距离萧山都不远（萧山距离余姚100公里左右，距离良渚50多公里），对于萧山窑的产生有直接影响。河姆渡文化制陶工艺较为原始，多为夹炭黑灰陶，纹饰有绳纹和各种刻划纹，动植物纹及其衍化的图纹也较为普遍。良渚文化以泥质黑陶最具特色，多为灰胎黑衣陶，烧成温度达摄氏940度，也有少量彩陶和彩陶绘器。

【夹炭黑灰陶】

因原料中含有植物茎叶和稻壳，烧制后便炭化形成夹炭黑灰陶。河姆渡文化和良渚文化都以种植水稻为主业，有较多的植物茎叶和稻壳，夹炭黑灰陶为制陶业之一大创造。

在陶文化承续上，萧山窑继河姆渡、良渚等史前陶文化而后发；在政治文化地位上，萧山窑所处地域为越国的政治文化中心。据考古发现，4000多年前海侵（水）淹没了宁绍平原之后，越部落的先民只能选择海平面以上地势较高的地区作为生存的家园。历史地理学家陈桥驿认为，大禹治水后100多年，夏少康担心大禹后代香火断绝，便封其庶子无余于越，建立越国。当时宁绍平原的大部分还在海平面之下，可选择的居住地不多。为方便祭祀大禹，无余以会稽山以南的埠中（今诸暨店口镇与阮市镇一带）为越国都城，后由勾践迁都绍兴。而萧山南部浦阳江北岸的进化镇，与店口镇仅一岭之隔，也就是说，进化镇在春秋时期是越国的政治文化中心，可以想见当时经济的繁荣和手工业的发达，进化镇成为越国的制陶基地。

公元前333年，楚灭越，萧山地域属楚国。秦统一中国，置会稽郡，萧山地域属会稽郡。西汉（公元2年）始建县，名余暨，属会稽郡。三国东吴黄武年间，改名永兴，属会稽郡。在这一较长的时间段中，虽然行政区划几经变迁，但进化镇钟家坞汉代早期窑址、浦阳镇树蓬王汉代早期窑址、临浦镇白鹿塘村马面山汉代早期窑址、所前镇大坪阳村孔湖东汉窑

【陶器的起源】

陶器是人类社会发展到一定历史阶段的产物，也是人类发明史上的重大成果之一。恩格斯在《家庭、私有制和国家的起源》一书中说，人类从蒙昧时代过渡到野蛮时代是从"学会制陶术开始的"。

人与一般动物的区别在于人能制作工具和使用工具。有了石器后，原始人类非常希望有一种能够盛水和煮食物用的容器。当他们看到雨后地面小水坑内的积水现象，就把这种地表黏土挖出来涂抹到篮筐内，在阳光下晒干后能储存食物，后来发现黏土没有篮筐也能单独成器，这就是陶器的雏形——"干陶"。这种干陶还不是盛水和煮食物的理想器物。当人们发现火坑内经过火烧的土块变得很坚硬，便联想到用黏土制成的"干陶"经过火烧也会变得坚硬，便将这种"干陶"放入火中焙烧。于是，一种新的更加耐用的土制容器，可以盛水也可以煮食物的容器——陶器诞生了。

址、进化镇茶叶山东汉窑址、戴村镇大石盖村东汉—两晋时期窑址等的发现，证明萧山窑作为制陶基地的地位毋庸置疑，它为中国古代陶瓷业发展作出的贡献也不可低估。

【陶与瓷】

陶瓷是陶器和瓷器的总称，作为一个门类，两者似乎很相似，但细而言之，陶器与瓷器在制造、质地与使用上存在诸多差异。目前普遍认为，陶与瓷主要有以下四点区别：

1. 原料：陶器一般使用易熔黏土制坯烧成，呈现原料的质地；瓷器需要选择特定的材料，以磁石或高岭土做坯。

2. 温度：陶器有低温陶和高温陶之分，烧成温度范围较广，在摄氏600度至1200度之间均可；瓷器的烧成温度较陶器要高，多在摄氏1300度以上。

3. 吸水率和坚硬度：因受烧制温度影响，陶器吸水率大、气孔率大、强度低，敲击时发声较低沉；瓷器烧成温度高，吸水率小、气孔率小、强度高，敲击时发声清脆。

4. 表面施釉：陶器有表面不施釉和施釉两种，施釉的叫釉陶，釉陶因胎体原因，胎釉结合不好，易脱釉。瓷器则必须施釉，单色釉施于胎体上一次性高温烧成，胎釉结合好，不易脱釉。彩瓷还要第二次入窑，经低温烧制方可完成。

萧山窑与越窑

萧山窑是越窑的早期形态，其中上董村窑址是典型晋代越窑址，但六朝之后，越窑的生产中心从会稽往明州（今宁波）一带转移。换言之，越窑是萧山窑后续发展的成熟形态。

越窑自东汉开始烧制陶瓷，经魏晋南北朝、隋唐，一直到宋。唐、五代时期是越窑鼎盛时期，代表其最高水平。越窑这一名称在唐代得以确定，并沿用至今。

越窑一词最早见于唐代陆羽《茶经·四之器·碗》："越州上，鼎州、婺州次；岳州上，寿州、洪州次。或者以邢州处越州上，殊为不然。"唐代通常以所在州名命名瓷窑，如邢窑为邢州地区的窑场，以白瓷著称。越窑是指越州窑场，具体是指坐落在唐代天宝年间越州辖区（会稽、山阴、诸暨、余姚、剡县、萧山、上虞七县）内的窑场，以生产类玉似冰的青瓷著称，超出这个范围的浙江其他地区的窑场，生产越窑风格的青瓷，称为越窑系窑场。现在越窑更多指的是越窑系窑场。越窑系的地理范围，大致包括钱塘江以东的杭州部分地区、绍兴、宁波及台州一些地区，其中宁绍平原地区最为主要。萧山窑虽不能代表越窑的全部，但在中国陶瓷史上，还是留下了辉煌的一页。

江 苏 省

上海市

安 徽 省

东

越

德清

窑

杭州

江

婺 窑 系

系

绍兴

上虞 慈溪

宁波

西

衢州

金华

临海

海

省

窑 系 丽水

龙 泉

系

温州

福 建 省

龙泉

瓯 窑

浙江省窑址区系分布示意图

浦阳江流域（萧山）古窑址分布图

桥头陈东汉窑址
孔湖东汉窑址
马面山汉代窑址
戴家山南朝窑址
大坟山春秋战国窑址
石盖青瓷窑址
上董青瓷窑址
茅湾里春秋战国窑址
安山春秋战国窑址
后山春秋战国窑址
横塘倪春秋战国窑址
前山春秋战国窑址
牛面山春秋战国窑址
太公堂春秋战国窑址
城隍山春秋战国窑址
钟家坞汉代窑址
西山春秋战国窑址
马面山春秋战国窑址
大树岗春秋战国窑址
陈春湾春秋战国窑址

唐子山春秋战国窑址
纱帽山春秋战国窑址
树蓬王汉代窑址
火草山春秋战国窑址
沿池山春秋战国窑址
馒头山春秋战国窑址
石浦湖春秋战国窑址

萧山窑的分布

萧山窑分布在萧山南部地区的浦阳江两岸。春秋战国时期萧山窑的主要窑址有茅湾里窑址、纱帽山窑址、城隍山窑址、西山窑址、太公堂窑址、安山窑址、石浦湖窑址等，汉代到六朝主要有钟家坞汉代窑址、树蓬王汉代窑址、孔湖东汉窑址、石盖东汉—两晋窑址、上董东晋—南朝窑址、戴家山南朝窑址等。

茅湾里窑址

茅湾里窑址是一处春秋战国时期的印纹陶和原始瓷窑址，位于进化镇大汤坞村裘家山茅湾里，包括裘家山、狮子山、蜈蚣腿等地，面积约20000平方米。该窑址于1956年调查发现，1981年被确定为省级重点文物保护单位，2006年被国务院确定为第六批全国重点文物保护单位。茅湾里窑址的特色在于文化层堆积丰富，分布范围较广，保存完好。出土的印纹陶胎色以紫褐色为主、灰褐色次之，器表饰有米格纹、方格纹、网格纹、麻布纹、席纹、云雷纹等。

纱帽山窑址

纱帽山窑址位于进化镇泗化村纱帽山方湾里，面积约6000平方米，主要烧制印纹陶和原始瓷，2005年被确定为第五批省级文物保护单位。该窑文化层堆积厚2米至3米，采集的印纹陶片纹饰多样，有米格纹、网格纹、方格交叉纹、麻布纹，还有一种少见的方格斜线

【文化层】

在古代遗址中，由于古代人类活动而留下来的痕迹、遗物和有机物所形成的堆积层即为文化层。每一层代表一定的时期。考古工作即是从地层上正确划出上下文化层的叠压关系。根据文化层的包含物和叠压关系，可以确定遗址各层的文化内涵和相对年代。

茅湾里窑址碑

纱帽山窑址

城隍山窑址

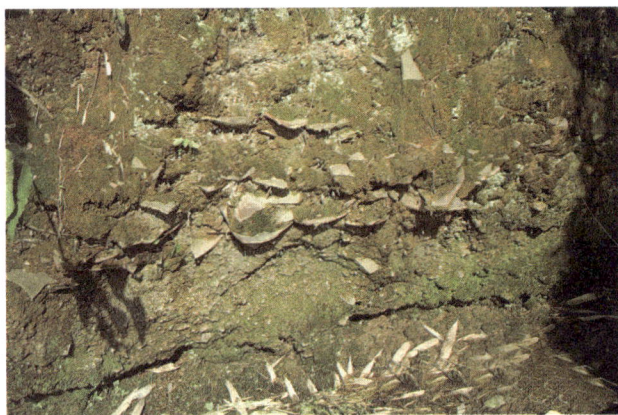
西山窑址文化层

纹与方格交叉纹夹杂在一起的纹饰。部分小陶罐拍印布纹，并在肩部贴饰S形的堆积纹。器形有瓮、坛、罐等，胎壁薄且多呈紫红色、红褐色。同时采集有原始瓷碗、盘、钵、杯、盅等残片，胎质细腻，釉薄，呈青色或青中泛黄，器底内常有螺旋纹。

城隍山窑址

城隍山窑址位于进化镇钟家坞村城隍山的东南角山坡，面积约10000平方米，主要烧制印纹陶和原始瓷，1983年被确立为市级文物保护单位。该窑文化层堆积厚1米至2米。出土的印纹陶坯泥采用当地产红褐色黏土，饰纹有米格纹、麻布纹、方格交叉纹、编织纹，部分罐有两层纹饰，肩部拍印小方格纹，腹部拍印一种方格纹与圆窝组合的纹饰，当地人叫米筛纹，器形有瓮、罐等。

西山窑址

西山窑址位于进化镇涂川村西南，面积约1000平方米，是一个比较有代表性的印纹陶窑址。由于一条乡村公路穿过西山窑址，使得大量残片裸露在外，随手可取。文化层堆积厚1.2米至2.5米，从堆积的残片看，该窑为印纹陶和原始瓷合窑烧制。其印纹陶胎质有灰褐色、红褐色等，纹饰有米字纹、小方格纹、方格交叉纹、水波纹和S形堆贴纹等。原始瓷有碗、钵、杯、碟等器形，胎质较白，釉色以青白色、青黄色为主，外表有素面的，也有多道弦纹的，底足厚重，底内饰有螺旋纹或水波纹。

太公堂窑址

太公堂印纹陶窑址位于进化镇邵家塔村后山，西边不远处是牛面山窑址，分布面积约1000平方米，为市级文物点。该窑文化层堆积厚约2米，目前已遭毁损。太公堂窑址与

太公堂窑址

周边同时期窑址一样，也是印纹陶和原始瓷合烧。

印纹陶器形较大，有罐、坛、瓮等，纹饰有米字纹、麻布纹、方格交叉纹、方格圆窝纹、方格斜线纹、小方格纹等，部分坛、罐还有S纹堆饰，部分有"爆汗"现象。原始瓷有钵式碗、盘式碗、筒式杯、盅等。器内多有螺旋纹，部分还有水波纹，外壁为素面。胎呈灰白色，烧制温度较高。窑址中有部分托珠（垫烧窑具）出土。

安山窑址

安山窑址位于进化镇席家村西北的一座小山丘，分布范围约250平方米，为市级文物点。其文化层堆积厚1米至1.5米。2005年安山的东侧和西侧各发掘出一座龙窑，均有10米左右长，2米多宽，从残留的陶瓷碎片看，为印纹陶和原始瓷合烧，前半段放置原始瓷，后半段放置印纹陶。

安山窑址

该窑址的印纹陶标本胎质以灰褐色为主，红褐色次之，器形有瓮、罐等，纹饰有米字方格纹、方格交叉纹、方格填斜线纹、席纹、麻布纹、方格圆窝纹等。原始瓷用当地产的白墡泥作胎，胎质致密，釉呈青色或青黄色，器形有碗、钵、杯、盅等。内壁内底由下而上均布螺旋纹，外底有明显偏心的线切割纹。与其他窑址略有不同的是，安山窑址出土的原始瓷标本胎体普遍较厚重。窑址中还有形状大小不一的托珠（垫烧用的小圆饼）和火烧土出土。

石浦湖窑址

石浦湖窑址位于进化镇欢潭村的西南，东、西、北三面环山，南面为浦阳江的一支流，面积约为 5000 平方米，曾为市级文物点。2001 年浙江省文物考古研究所、萧山区博物馆为配合 03 省道东复线工程，曾对其进行抢救性考古发掘，认定为春秋战国时期印纹陶窑址。因修路、建养猪场、挖鱼塘，目前该窑址的文化层已基本毁损，只留下大量的印纹陶残片和少量原始瓷残片。

该窑址以烧制印纹陶为主，原始瓷生产量不大。器形以瓮、坛、罐为主，纹饰较单一，发现的大多是米字纹，饰纹大小不一，大的"米"字有 10 毫米左右，小的"米"字仅 5 毫米。

石浦湖窑址

钟家坞窑址

钟家坞窑址位于钟家坞村的小唐家坞，在城隍山春秋战国时期印纹陶窑址西面，直线距离约 500 米。窑址面积不大，约 100 多平方米，文化层堆积厚 0.5 米至 1.5 米。从采集到的标本判断，这是西汉早期的一个印纹陶和早期青瓷窑址，烧造时间不长，产品也比较单一，明显带有战国印纹陶的遗风，但器形硕大，纹饰较单一。

钟家坞窑址文化层

树蓬王窑址

树蓬王汉代早期窑址位于浦阳镇原桃源区块树蓬王村庙后山的东南山脚，面积约 200 平方米，文化层堆积厚 0.5 米至 2.5 米，大致分为三层。

树蓬王窑址

文化层的最下层是清一色筒形瓶的残片，高度在 15 厘米至 22 厘米之间，直径在 8 厘米至 12 厘米之间，被称为"韩瓶"。中间一层除了"韩瓶"，又多了一种器形，是一种鼓腹的四系罐，高度和直径均在 20 厘米左右。最上面一层"韩瓶"几乎不见踪影，罐的形状大了很多，其中出土有一件在土层中被压扁的大罐，口沿部分直径有 20 多厘米。从窑址中采集到的标本看，该窑以生产汉代早期较流行的酱色原始瓷产品为主，制胎工艺保留了战国时期原始瓷的风格，采用轮制方法一次性拉坯成型，所以在瓶、罐底部残片中没有发现底部粘接的现象。

孔湖窑址

孔湖窑址位于所前镇大坪阳村，为东汉时期的窑址，也是市级文物点。该窑址文化堆积层分布的范围约有 300 平方米，厚约 1 米。因明清时代修造坟墓和当代建桃园，部分窑址已遭破坏，印纹陶片和早期青瓷片随处皆是。

从采集到的标本来看，该窑仍沿用了春秋战国时期和汉代早期的烧造风格，印纹陶和早期青瓷同窑兼烧，但早期青瓷的数量增加，质量有了明显提高，有的已接近六朝青瓷。该窑生产的器物有大有小，品种丰富，主要有罍、瓿、罐、壶、钟等。纹饰丰富多彩，有弦纹、水波纹、叶脉纹、窗棂纹、重线三角纹、方格交叉纹等。在该窑址还发现了长筒形窑具残片和红烧土。

孔湖窑址

石盖窑址

石盖窑址

石盖青瓷窑遗址位于戴村镇大石盖村马鞍山南坡，西临永兴河。该窑址曾于20世纪50年代被发现，后被遗忘。2001年初，萧山博物馆工作人员在调查时再次发现了它。暴露的废品堆积长近百米，厚度与深度因表土覆盖未做试掘而无法确定。

从采集到的标本来看，石盖窑的烧造时间可分为两个时期：一是东汉晚期，器物饰有典型的东汉时期的方格交叉纹；二是两晋时期，两晋时期的器物多饰有带状斜网格纹，东晋时期的器物基本都是素面。器形较多，以日用器为主，有罐、洗、钵、碗、盏、砚、灯等，并有大量的齿形窑具遗存。

上董窑址

上董青瓷窑遗址为东晋到南朝时期的窑址，位于戴村镇上董村西北圆盘庵山，面积约为20000平方米，长200米左右。上董青瓷窑属越窑系列，是唐以前早期越窑的重要组成部

上董窑址

分。1983年被萧山县人民政府确定为县级重点文物保护单位，2009年4月被调整为杭州市第四批文物保护单位。

该窑址文化堆积层厚2米，其中有盘口壶、鸡首壶、罐、砚、灯盏、碗、盘、盏、洗、钵等残片，均为当时的生活用品。同时，有大量的窑具出土，种类繁多，较大的为喇叭形和锯齿状空管形间隔具，最多的是大小不一的锯齿状盂形垫具，还有钵形垫具和圆饼上有三个或四个锥形支钉的支烧窑具等。

戴家山窑址

戴家山窑址位于戴村镇戴家山行政村后的戴家山东坡，是一处南朝青瓷窑址，面积约2000平方米。

该窑址最初是在村民翻修房屋时被发现的。据当地老人回忆，20世纪90年代，村民建房时将宅基地扩展到了山坡上，平整地基时发现两支向坡上延伸的砖砌拱形窑。村民上报后，萧山文管所曾派人前来查看，因窑址已毁，该遗址没有被列入文物保护点。即便如此，窑址中的一些遗存物品，包括砌窑的砖块均引起了慈溪、余姚一带的古董贩子的兴趣，不时派人前来收购。

戴家山窑址

研究人员经过几次实地探访，在原窑址上建造的一些民房边、菜地上捡到一些青瓷残片，从胎、釉、底足、器形、纹饰等方面比对、分析，剔除与朝代不符的瓷片后，认定部分瓷片应是该窑址的残存物，可以确定其烧造时间为南朝时期，属越窑青瓷。

探究学习总结

一、学习思考

1. 浙江省博物馆专家王屹峰指出："浙江境内原始瓷及印纹硬陶窑址的分布，可以分为三个区域：东苕溪流域；浦阳江流域；曹娥江流域。这三个流域分别处于天目山东麓和会稽山脉北麓，依山傍水，有着相似的地理环境和资源优势。"

   结合材料和所学知识说明这样的地理环境和资源对陶瓷制造的发展有什么促进作用？萧山窑在陶瓷业取得如此巨大成就的原因是什么？

2. 结合高中历史教材必修二专题一第二节《古代中国的手工业经济——陶瓷业的成就》，思考印纹陶和原始瓷存在的时间，并总结萧山窑在中国陶瓷史上的地位。

3. 结合高中历史教材必修二专题一第二节《古代中国的手工业经济——陶瓷业的成就》，思考陶瓷的烧制技术。

二、探究活动

1. 利用课余时间实地走访调查萧山窑的某一窑址（可自行选择窑址，推荐较为完整典型的印纹陶和原始瓷窑址——茅湾里窑址），撰写一篇1000字左右的调查报告，概述该窑址的代表器物、烧制历史及窑址的现状和保护等。

2. 考证这些古窑址的年代，除了用"碳14实验室测定"方法以外，请结合实物观察和所学知识，寻找其他方法。

3. 如此规模的萧山窑，生产大量陶瓷，从取材到成器，没有大量的劳动力和严密的社会分工是难以想象的。试结合所查资料和实地调查，描绘当时陶瓷器具的生产场景，可以是图画，也可以是文字描述。

第二章
春秋战国的印纹陶与原始瓷

春秋战国时期，陶瓷工艺产生了较大的变化。相比于西周的窑址呈现出的单个且陶窑规模较小等特征，此时期的窑场规模巨大，一处窑场遗迹有几万、十几万甚至几十万平方米的面积。这些窑场主要集中在政治经济中心或商业重镇，如东周都城洛邑（今河南洛阳）、燕国都城河北燕下都（今河北易县东南）、晋国都城新田（今山西侯马）、齐国都城临淄（今山东临沂）、楚国都城郢（今湖北江陵县北）、越国故地浙江绍兴富盛区和萧山进化镇等。进化镇现已查明的主要窑址有近20处，主要分布在大汤坞、钟家坞、泗化、涂川、泥桥头、席家、邵家塔、泗洲等村，其中以大汤坞茅湾里印纹陶窑址和泗化村纱帽山窑址最为著名。

由于地理条件、制陶原料、工艺传统的不同，尤其是生活习俗和文化倾向的差异，各个窑场都形成了各自的鲜明特色，萧山窑亦然。那时的萧山窑已普通采用当时较为先进的龙窑形制，印纹陶与原始瓷同窑烧制。主要生产民间实用器皿，器形承袭商代的形制，多采取直筒造型。此外，建筑陶器和冥用陶器开始出现，很大程度上，冥用陶器是模仿青铜礼器的。制作方法以轮制为主，大型厚胎陶器仍沿用泥条盘筑法制成。纹饰多种多样，以拍印为主，也采用捏塑、贴饰等方法。因当地盛产"紫金土"、"白墡泥"，以此为原料，加之龙窑的烧制技术，烧制成了具有特色的印纹硬陶、原始瓷。

印纹陶和原始瓷

印纹陶和原始瓷是春秋战国时期萧山窑的主要产品。据印纹陶与原始瓷窑址考证发现，当时萧山窑已使用比较先进的龙窑形制，印纹陶和原始瓷同窑合烧，龙窑的前部放置原始瓷，后部放置印纹陶，烧制温度已达摄氏1200度左右。

战国印纹硬陶筒形罐

印纹陶出现于新石器时代晚期，在红陶、黑陶、白陶、灰陶等之后，是我国长江下游和东南沿海包括台湾地区在内的独有的陶文化现象。印纹陶是古人在长期烧造灰陶的实践中，以含铁量较高的黏土为原料而烧制出来的一种陶器。因含铁量高而胎色较深，多呈紫褐、红褐、黄褐和灰褐色。烧制温度也较之前的陶器高，原料的化学成分已与原始瓷接近，烧成温度在摄氏1000度至1200度之间，而普通易熔性黏土烧成温度为摄氏800度至900度，最高不能超过摄氏1000度。这也是印纹陶可以与原始瓷同在龙窑中合烧的原因。器表通常拍印有几何形图案，所以称印纹陶。由于烧成温度较高，胎质致密细腻、坚硬，击之有铿锵声，亦称印纹硬陶。

【高岭土】

高岭土是制造瓷器的主要原料之一。它是一种主要由高岭石组成的黏土，是各种结晶岩如花岗岩、片麻岩等破坏后的产物。高岭石经过完全风化之后，生成高岭土、石英和可溶性盐类等，之后再随着雨水、河川漂流，然后再沉积，这时石英和可溶性盐类已分离，留下来一部分就是高岭土。

原始瓷始见于商周时期，是陶器向瓷器过渡阶段的产物，为瓷器的原始阶段制品。从商代中期到东汉晚期，原始瓷以高岭土为原料，胎体含铁量在2%左右，胎色灰白，胎质坚硬，烧成温度高达摄氏1200度。器表施釉，釉层较薄，是以铁

【天然釉】

天然釉又称爆汗釉，是由胎体在窑内焙烧，受到高而收缩，发生急速变化时形成的玻璃质，除了高温条件以外，"爆汗"现象与胎质的成分也有一定关系。古代窑址中，窑壁上常出现一层相同的玻璃质，俗称"窑蜡"。同窑烧制的器皿，因窑位置不同以及烧成温度或胚体的原料等差异，不一定都能形成"爆汗"。在长期生产实践中，受这种"爆汗"的启发，经过反复试验，实现了人工配制原料，将石灰石和瓷石相配合，在还原焰中烧成了釉。下图为西山窑址出土的天然釉的印纹硬陶罐残片。

的氧化物为着色剂的高温釉，釉色以青绿为主，少数是黄绿色或黄褐色。因此，一度有"釉陶"、"青釉器"等名称。器身单薄，器壁均匀，器底厚重，从制作工艺看，器物制作基本上采用轮制法，也有手捏和泥条盘筑成形。但与瓷器相比，原始瓷仍带有一定的原始性，其原料的处理比较粗糙，杂质较多，造型单调，还带有易变形、胎裂、施釉不均、釉色不稳定等特点。

到春秋战国时期，以萧山茅湾里为代表的长江下游的陶瓷烧造窑场，对炉窑和胎质做了改造，对原料的处理越来越细腻，胎体中的三氧化二铁和二氧化钛的含量均有所降低。经有关部门检测，茅湾里窑址出土的原始瓷标本铁和钛的含量为1.68%—0.7%，有的化学成分与东汉成熟青瓷几乎一致，实际上已接近成熟青瓷了。

春秋印纹陶

春秋时期，萧山窑已普遍采用轮制的方法制作印纹陶，器形规整，以罐和瓮为最多。表面的纹饰多种多样，主要有麻布纹、弦纹、水波纹、箭羽纹、网格纹、方格纹、米格纹、方格交叉纹、编织纹、回纹、方格圆窝纹等，肩部贴饰S形纹也较为常见。

西周晚期至春秋早期云雷纹硬陶罐

高19.5厘米，口径15厘米，底径18厘米。敞口，束颈，溜肩，扁鼓腹，平底。颈部饰数道弦纹，通体刻划云雷纹。器形规整，圆浑厚重，充满张力。

春秋印纹陶罐

高 26.2 厘米，口径 27 厘米，底径 17 厘米。敞口，束颈，丰肩，鼓腹，平底。颈部有数道弦纹，肩与上腹部拍印方格斜线纹，下腹部拍印网格纹。器形上还有西周时期的风格。

春秋印纹陶罐

高 21.5 厘米，口径 15 厘米，底径 15.2 厘米。敞口，束颈，溜肩，鼓腹，平底。肩腹部对称置两条出脊，出脊顶部为圆环。肩部还置两横 S 形贴塑纹。通体拍印方格斜线纹。器形流畅、古雅、清致。

春秋印纹陶罐

高 14.2 厘米，口径 11.5 厘米，底径 10 厘米。直口，尖圆唇，溜肩，鼓腹，平底。紫金土制胎，肩部左右两侧贴饰 S 形纹，通体拍印米格纹，纹饰清晰。

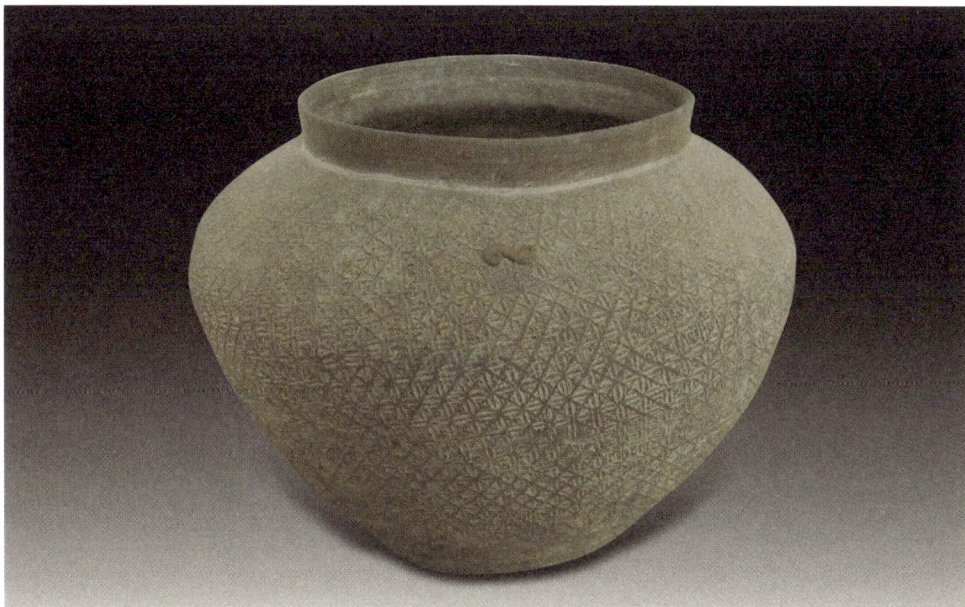

春秋印纹陶钵

高 11.5 厘米，口径 11.5 厘米，底径 13 厘米。敛口，无颈，斜肩，垂腹、平底。紫金土制胎，通体拍印方格纹。器形规整，圆浑，有张力。

春秋印纹陶双系罐

高 10.5 厘米，口径 9.2 厘米，底径 6.5 厘米。敞口，溜肩，斜腹，平底。肩部置对称绳纹系。通体饰极细的篦划纹，且交叉形成极小的斜方格纹。

春秋印纹陶双系罐

春秋原始瓷

　　春秋时期，萧山窑原始瓷的制作以仿青铜礼器为主，器形有鼎、尊、盂、罐等。非常注重原材料的淘洗，胎体中的杂质减少，胎色以灰白色居多。釉层较薄，釉面不够光洁，有较多的麻点。釉色有青绿、黄绿和灰绿色。纹饰有弦纹、水波纹、锯齿纹、锥刺纹、圆圈纹等。

春秋原始瓷直腹罐

　　高 24.5 厘米，口径 12 厘米，底径 13 厘米。短直口微敞，斜肩，深直腹，平底。肩腹部结合处置对称绳索耳。通体施青黄色釉，釉层较薄，有脱釉现象。釉下刻划水波纹、圆圈纹、箭羽纹，剔去纹样周围胎体，纹样凸出而富有立体感，为春秋原始瓷中的精品。

春秋原始瓷龙首盂

高 6 厘米，口径 7.5 厘米，底径 6.7 厘米。敞口，短颈，肩斜下折腹，平底。肩部捏塑一龙形把，龙尾卷曲，眼、耳、龙鳞齐备，肩部刻划水波纹一圈。施青黄色釉，釉层较薄。此类器形出土较少，为春秋原始瓷中的精品。

春秋原始瓷盂

高 3 厘米，口径 8 厘米，底径 6.5 厘米。敞口，厚圆唇卷沿，缩颈，扁鼓腹，平底略内凹。内壁由底心到口沿全为螺旋纹。施青黄色釉，有明显缩釉点。

战国印纹陶

战国时期，社会生产力发展，劳动力增加，进化镇一带窑场发展较快，规模扩大，生产工具也有所改进。陶器的制作以轮制为主，同时采用模制和手工制作一些贴塑和捏塑的产品。大型的陶罐和陶瓮多采用泥条盘筑或圈筑做成器身，再粘接底部。因为龙窑的使用，提高了烧成温度和质量，这时期的产品多为印纹硬陶，常见器型有罐、壶、盆、钵、瓮等，也有少量的诸如陶仓类的明器。

战国印纹陶坛

高 25.5 厘米，口径 12 厘米，底径 10 厘米。撇口，短颈，丰肩，弧腹，平底。胎色青灰，采用较传统的泥条盘筑法成形，器形端庄。

战国印纹陶带把罐

高 8 厘米，口径 5.5 厘米，底径 6 厘米。敛口，溜肩，弧腹，平底，三足。罐的一端置抽象的兽形把，一端置抽象的饰环铺首。紫金土制胎，通体拍印麻布纹。器形规整，制作非常精致，为战国时期印纹陶中的精品。

战国印纹陶贯耳罐

高 5.8 厘米，口径 3 厘米，底径 4 厘米。敛口，斜肩，鼓腹，平底，三锥形足。肩部左右各置两个筒形穿带的贯耳，孔径 0.2 厘米。薄胎，胎呈灰色，通体拍印麻布纹。制作非常精细，器形规整，为战国时期印纹陶中的精品。

战国印纹陶筒形罐

高 7 厘米，口径 7.5 厘米，底径 5 厘米。大口微敛，丰肩，斜腹，平底。肩部两侧置圆筒形穿带贯耳，一侧一个，另一侧有两个。青灰色胎体，通体拍印麻布纹。

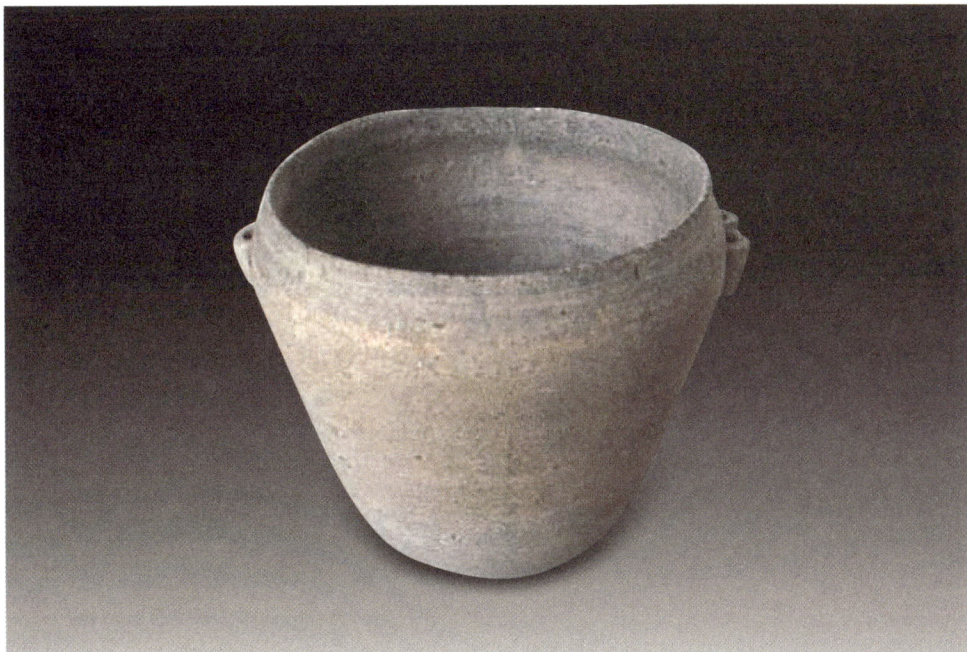

战国印纹陶罐

高 15 厘米，口径 12 厘米，底径 10 厘米。撇口，尖圆唇，溜肩，鼓腹，平底。当地紫金土制胎，通体拍印米字纹。器形饱满，有张力。

战国原始瓷

　　战国时期原始瓷的生产和使用较春秋时期更加进步和广泛，萧山窑的原始瓷整体特征是胎质细腻，胎色呈灰白色或土黄色。釉层增厚且均匀，多里外施满釉，釉色一般呈青绿色或青中泛黄，胎釉结合很好。器物上几乎都有拉坯成形时留下的明显的螺旋纹痕迹，很多器物的外底有线或刀的切割痕。这个时期的原始瓷因为表面光洁度较高，手和口唇接触的感觉较好，所以大量生产实用饮食器。器形有碗、盘、钵、盅、盂等，基本上都采用直筒形的造型。仍然生产仿青铜器的礼器，但明显是用作陪葬的明器，并不具有实用性。纹饰趋于简括，以S形纹、弦纹、水波纹和栉齿纹为多见。

战国原始瓷竖条纹双系罐

　　高19厘米，口径18厘米，底径16厘米。直口，短颈，溜肩，鼓腹，平底。两侧贴饰铺首系一对，系内有活动环。器身上部和下部设有两圈直短线状突棱，间距极为均匀，如条条沟壑。施釉均匀，釉色青黄。造型极为规整，保存完好，历经千年无损，实属难得。

战国原始瓷钵

高 6.5 厘米，口径 10.6 厘米，底径 6 厘米。敞口，尖圆唇，口沿弧形向下，突起一道棱，直腹，近底处斜收，平底。器内由底心到口沿，布满弦纹，外底有明显的线割纹。施青黄色釉，釉层较薄。

战国原始瓷带流座

高 19.5 厘米，上口径 15 厘米，底径 15.5 厘米。口沿宽平，分三层台阶下凹，下两层密布小圆圈纹，口沿下有一 U 字形流，直腹，大平底。腹部有三圈连珠纹。施青黄色釉，有脱釉现象。

战国原始瓷烤炉

高 9.8 厘米，直径 25.5 厘米，足径 17 厘米。口沿宽平，斜腹，高圈足外撇，有四个长方形孔。口沿平面有四条凹弦纹，有四圈斜短线状锥刺纹，外壁有四个对称铺首，上部满饰 S 形纹。器内有十根立柱，支撑着宽口沿，立柱中间有一个圆环，用来架木炭。造型规整，较为罕见。

战国原始瓷洗

高 7.8 厘米，口径 23 厘米，底径 12 厘米。宽折沿，直腹，收腹时呈弧形，平底。口沿外侧呈凹形，下腹置凹弦纹两道。器形规整，为轮制产品。施青黄色釉，釉层较薄。

战国原始瓷大盘

高 6 厘米，口径 23 厘米，底径 8.5 厘米。大敞口，尖圆唇，浅弧腹，小平底。内壁由底到口沿满是细弦纹，外底有明显线割纹。施青黄色釉，釉层较薄。

战国原始瓷筒形罐

高 10.8 厘米，口径 11.2 厘米，底径 7 厘米。直口，平唇，直腹，平底，近底处急收。内壁由下至上满是弦纹。通体施青黄色釉，釉层较薄。

一、学习思考

1. 进化镇一带发现了许多具规模的春秋战国时期陶瓷生产窑址，说明当时的社会历史发展和环境都支持陶瓷制作。试问有哪些自然环境以及社会经济的区位因素的支持，使得萧山南部地区的陶瓷生产得以快速发展？

2. 龙窑现已基本退出历史舞台，取而代之的是电窑、油窑、液化汽窑、天燃气窑。但龙窑在很长时期一直是南方窑炉的主要形式，请查找资料，了解龙窑的特征，分析为什么龙窑主要在南方盛行？

二、探究活动

《中国美术辞典》记述："此地所产原始瓷，碗（杯）底有螺旋纹，浙江地区战国墓葬出土的，不少这类器物中，即有茅湾里的产品。"结合材料和所学知识，临摹印纹陶图案，并概括印纹陶图案的特色。

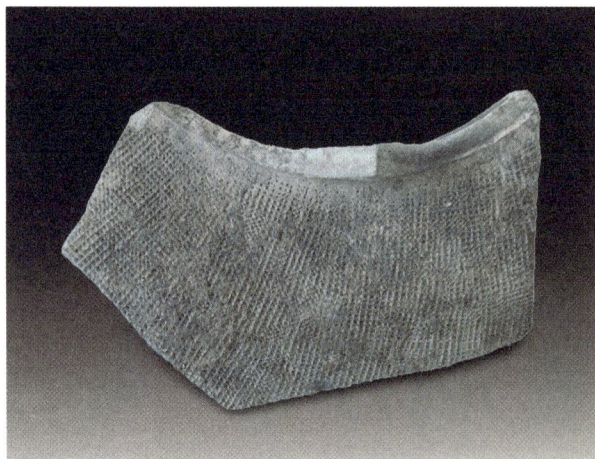

残片 1　茅湾里窑址出土的印纹硬陶罐残片（饰麻布纹）

残片 2　茅湾里窑址出土的原始瓷碗残片（底心饰螺旋纹）

残片 3　纱帽山窑址出土的印纹硬陶罐残片
（拍印方格交叉纹）

残片 4　纱帽山窑址出土的印纹硬陶罐残片
（多重方格内填交叉纹）

残片 5　城隍山窑址出土的印纹硬陶罐残片
（上部拍印麻布纹，下部拍印方格圆窝纹）

残片 6　西山窑址出土的原始瓷碗残片
（底内饰水波纹，碗壁饰多道弦纹）

第三章

汉代的陶器与青瓷

秦代与西汉早期，社会政局不稳，战乱频仍，严重影响了陶瓷业的发展。春秋战国时期热火朝天的陶瓷制造业迅速凋零，到汉初，窑场已所剩无几。进化镇境内众多的春秋战国时期窑场，基本停烧，萧山南部地区境内有限的几个汉代窑场，几乎都是另起炉灶的。已发现的汉代窑址有进化镇钟家坞汉代早期窑址、浦阳镇树蓬王汉代早期窑址、临浦镇白鹿塘村马面山汉代早期窑址、所前镇大坪阳村孔湖东汉窑址、进化镇茶叶山东汉窑址、蜀山街道桥头陈东汉窑址、戴村镇大石盖村东汉一两晋时期窑址。

　　汉代是中国陶瓷历史上的一个重要转折点。一方面，陶器造型走向了辉煌，变得异常繁多。冥用陶器发展迅速，与实用陶器形成了两大陶器格局。另一方面，原始瓷的工艺得以恢复，浙江地区出现了许多呈现出原始瓷发展新风貌的窑群，浦阳江流域的窑群就是其中之一。西汉是原始瓷到成熟青瓷的过渡时期，这时的瓷器，在烧结性能和器表施釉等各个方面，都比原始瓷有了较大的进展。东汉是越窑青瓷的初创时期，浙江地区丰富的瓷土矿藏，含石英—高岭—绢云母类型的伟晶花岗岩风化后的岩石矿物，加之以淘洗提炼和烧制技术，为青瓷的发展提供了良好的条件。东汉中期以后，上釉工艺由刷釉改进为浸釉，釉色的效果更突出。东汉晚期，原始瓷与印纹陶分窑烧制，一些器物摆脱了原始的状态，瓷化程度很高，出现了接近现代瓷器水平的青瓷。

汉代陶器

　　萧山窑在汉代发生了较大的转变。陶器使用面非常广,不仅成为日常的生活用品、饮食器皿,而且也普遍用作明器。原因在于汉代人重视墓葬,陪葬品力求丰富而精细,成为习俗。明器,也被称为"冥器"。这类陪葬品除了少量的石质品、金属制品、木质漆器以外,还有大量的陶制品,这种材质的制品历千年而不腐败。明器除饮食器皿外,还有大量模拟生活场景,以微缩形式呈现的器物,如用陶制成亭台楼阁、仓房、灶台、兽圈、车马、井台、奴仆等。

　　烧造技艺有所发展,淘洗更精细,致密度更高,胎壁变薄,春秋战国时期的印纹陶制品一般壁厚 0.5 厘米至 1 厘米,汉代制品壁厚很少超过 0.5 厘米,有的仅 0.2 厘米。而且,较为坚致的釉陶也普遍出现。明器中,烧成温度在摄氏 900 度至摄氏 1000 度之间的低温釉制品——釉陶,也占有一定比例。

西汉鸟形陶罐

　　高 7.6 厘米,直径 13.5 厘米。直口,短颈,丰肩,扁腹,平底,两足。前端置一鸟头,眼、鼻、嘴齐备,栩栩如生。两侧刻划鸟羽纹,尾端置鸟两翅尖和鸟尾,制作精巧,整个罐就如同一只鸟,在汉罐中较为罕见。

汉代灰陶耳杯

高 5.5 厘米，长 15.3 厘米。长椭圆形，平口，方唇，两耳略高于口面，弧腹，平底。胎色深灰，外裹深褐色外衣。烧制温度较高，器形规整，饱满。

西汉灰陶五连罐

高 6 厘米，长 15 厘米，宽 14.5 厘米。由四罐组成一个方联，中间再置一个稍小一点的罐组合而成。五个罐形制基本相同，均为直口，短颈，斜肩，鼓腹，平底。该种形制是三国两晋青瓷五管瓶的鼻祖，目前存世较少。

汉代灰陶双系罐

高 16 厘米，口径 10 厘米，底径 11 厘米。直口，折沿，平唇，短颈，丰肩，折腹，筒状，平底。胎色浅灰，肩下置叶脉纹双系，肩与上腹部有数道弦纹，肩部与上腹部各有一圈水波纹。

汉代灰陶卧牛

高 2.5 厘米，长 10.3 厘米。捏塑成形，胎色深灰，形制古拙，小器大样。

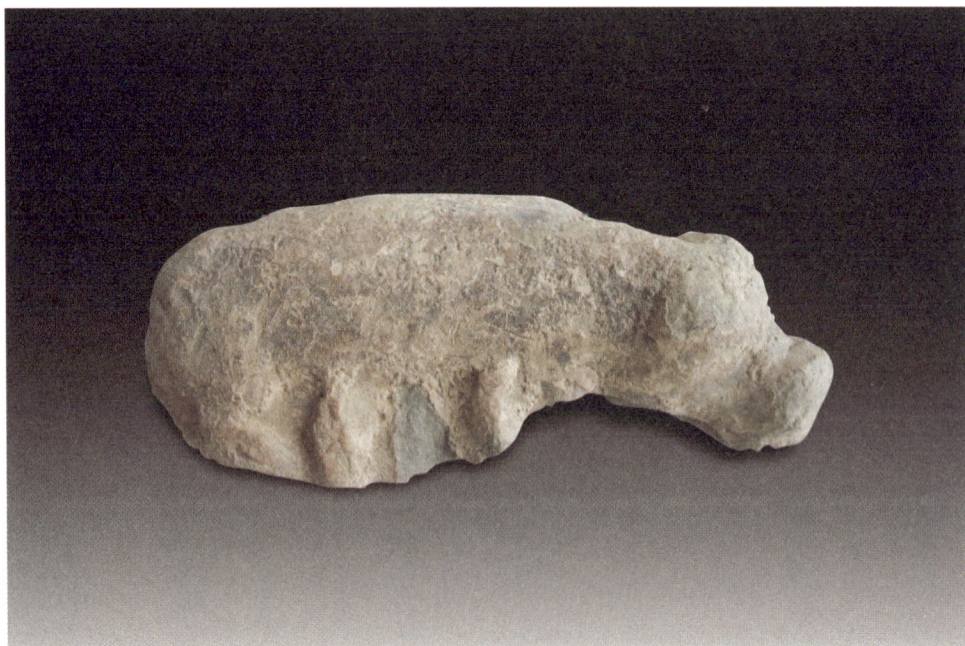

汉代灰陶卧羊

高 4.5 厘米，长 15.3 厘米。捏塑法制作，器形较为写实。胎色深灰，素坯外裹一层棕红色的外衣。形制古朴，大气。

汉代灰陶猪

高 6.3 厘米，长 9.8 厘米。嘴巴上翘，两眼外凸，颈背上鬃毛上耸，小尾巴扭曲搭在臀部。胎色青灰。形状古朴，有未完全驯化的野猪的样貌。

西汉原始瓷

西汉早期，原始瓷工艺得以恢复，在浙江地区出现了许多时代相承、工艺相传、质量不断提高的窑群，形成了原始瓷发展的新风貌。人们普遍认为真正意义上的瓷器出现于东汉。西晋潘岳第一次在诗中使用"瓷"字，其《笙赋》道："披黄苞以授甘，倾缥瓷以酌醽。"

从浦阳江沿岸几处萧山窑窑址出土的汉代早期原始瓷标本和周边地区出土的西汉原始瓷器看，西汉的原始瓷器具有以下几方面特征：（1）工艺水平不如之前的春秋战国时期产品，胎质粗松，原料的粉碎、淘洗、揉练不及战国时期精细。（2）改变了战国时期拉坯成器、线割器底的方法，普遍采用底身分制，然后成器。（3）施釉范围缩小，从战国时期的通体施釉，改为口、肩和内底等处局部

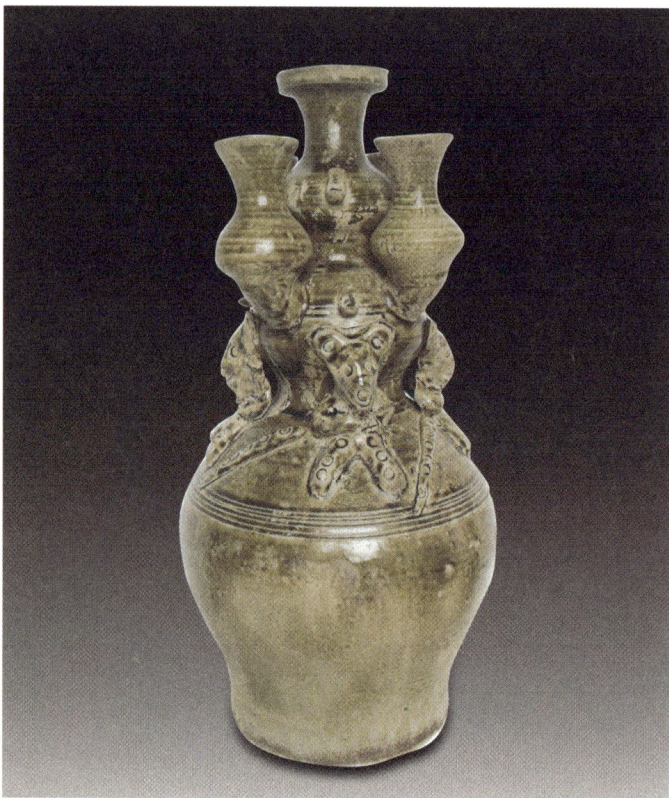
东汉青瓷五管瓶

上釉。（4）釉层增厚，因釉的含铁量高，釉色比战国时深，呈青绿或黄褐色。（5）瓷胎中氧化铁的含量较高，产品大都在氧化气氛中烧成，因此多数的原始瓷胎色呈赭红色。

西汉早期的原始瓷，以生产仿青铜礼器和盛储器为主，主要器形有鼎、瓿、壶、盒，中期相仿，但器形略有变化，腹加深，足变矮，施釉部位缩小，甚至不施釉。西汉晚期，鼎、盒一类的制品消失，壶、瓿、罐、钫、瓮、洗、盆、勺等日常生活用品急剧增加。同时出现了牛、马、屋等明器，不过牛、马线条比较粗犷，造型艺术不高。

其中瓿的器形变化比较有特色：西汉早期，平唇短直口，斜肩，扁腹平底，底接三扁平矮足，肩部附铺首双耳，双耳高于器口；西汉中期，瓿的肩部渐鼓，双耳与器口相平，三足消失；西汉晚期，形体高大，圆球腹，双耳低于器口。西汉之后，瓿逐渐消失。

秦至西汉时期原始瓷鼎

高 18 厘米，直径 19 厘米。子母口，长方形附耳外撇，深腹，圆底，三只印有兽面纹的矮蹄足略外撇。器盖弧度较大，上饰三扁形穿孔纽，打开器盖朝上放，三纽可以支撑器盖。施青黄色釉，釉层较厚，但器身胎釉结合不好。

西汉原始瓷瓿

高 21.8 厘米，口径 10.5 厘米，底径 18 厘米。直口，平唇，短颈，丰肩，斜腹，平底。肩部置对称兽面耳一对，远高于瓿口，为西汉初器形。肩部饰凹弦纹与水波纹各两周。底下三个扁平足。胎色灰黄，胎体厚薄均匀。肩部施釉，釉层已脱落。器形规整，大气。

西汉原始瓷瓿

高 24 厘米，口径 11 厘米，底径 14 厘米。敛口，扁平唇外塌，缩颈，溜肩，鼓腹，平底。肩部置对称兽面耳一对，低于瓿口，为西汉后期器形。肩腹部有多道弦纹，为东汉弦纹壶、罐的雏形。口沿和上腹部施青釉，为越窑早期青瓷。

西汉原始瓷带流瓿

高 21 厘米，直径 26 厘米，盖径 9.8 厘米，底径 16 厘米。短直口，圆肩，弧收腹，平底，三长方形扁平足，器盖略扁平。肩部置对称两铺首，肩至上腹部置五道双线弦纹、五道水波纹，一边双道绳纹握手，一边瓦状流，长近 10 厘米，与瓿腹贯通。

西汉原始瓷璧

厚 1.5 厘米，外径 14.4 厘米，孔径 4.5 厘米。仿春秋战国时期玉璧的形制烧制，正反两面均为满工，一面施釉，一面不施釉。属明器，制成后专用于陪葬。汉代流行厚葬，经济实力较弱的家庭用不起真玉，就用陶瓷烧成的璧替代。

汉代原始瓷耳杯

高 3.8 厘米，长 14 厘米。学名羽觞。长椭圆形，平口，方唇，两侧各有一新月状耳，弧腹，平底。黄褐色釉，釉层较厚，肩部有积釉，为汉代流行的酒器。

汉代原始瓷绳纹、乳钉纹罐

高 20.8 厘米，口径 16.5 厘米，底径 16.5 厘米。直口，平唇，缩颈，溜肩，鼓腹，平底。肩部与上腹部贴饰绳纹，绳纹交叉处置 33 个乳钉纹。外壁施黄褐色釉，釉不及底。

西汉青瓷盒

高 17 厘米，口径 18 厘米，底径 11.5 厘米。子母口，圆肩，鼓腹，假圈足底。拱形盖，盖顶有圈足状突起，可仰置盛物。盖上部有凹弦纹两道，腹部也刻有两道凹弦纹作装饰。盖部施青黄色釉，釉层较厚，有玻璃质感。

【原始瓷何时终结】

战国晚期战乱频仍，原始瓷工艺出现退化。到西汉时局稳定后，原始瓷工艺得以恢复，在浙江地区出现了许多时代相承、工艺相传、质量不断提高的窑群，形成了原始瓷发展的新风貌。

战国到西汉，是原始瓷到成熟青瓷的过渡时期。这个时期的原始青瓷，从烧结性能和器表施釉等各个方面，都比早期的原始瓷有了较大的进展。东汉时期是原始瓷的最后阶段，成型采用快轮拉坯成器身，再粘结器底；将刷釉改为浸釉，改善了烧制环境，胎釉结合紧密，脱釉现象少见；到了后期将原始瓷与印纹陶分窑烧制，一些瓷器已摆脱了原始状态。

到东汉晚期，浙江的宁波、慈溪、上虞、绍兴、萧山、永嘉等地的窑场均烧制成了真正成熟的青瓷，原始瓷便完成自己的历史使命，退出了陶瓷舞台。

东汉青瓷

考古和研究证明，中国瓷器诞生于东汉晚期。浙江的宁波、慈溪、余姚、上虞、绍兴、萧山、永嘉等地，因具有丰富的原材料资源，又富有燃料资源，还有春秋战国时期以来积累的烧制经验，制瓷业发展较快，成为我国青瓷的主要发祥地。萧山窑是东汉青瓷的主要产地之一。青瓷的坯体由高岭土或瓷石等复合材料制成，采用龙窑煅烧，在摄氏1200度至1300度的高温中烧制而成。与之前的原始瓷相比，已有本质的不同，它的胎体坚硬、致密、细薄而不吸水，胎体外面罩施一层釉，釉面光洁、顺滑、不脱落。检测表明，青瓷的瓷胎已烧结，胎色多为灰白或淡青灰色，撞击有金属声，釉层均匀，透明有光泽，达到了近代瓷器的标准。

汉代青瓷盆

高18.5厘米，口径21厘米，底径12.5厘米。子母口，圆肩，弧收腹，平底。拱形盖，以多圈弦纹装饰盖面。盖顶有三个尖状突起，仰置时可做支撑固定器盖。施青褐色釉，盖部釉层较厚，有明显缩釉。

汉代青瓷壶

高 36 厘米，口径 15 厘米，底径 15.5 厘米。喇叭口，束颈，溜肩，鼓腹，下腹斜收，假圈足，内凹 1 厘米。对称桥形人字纹双系，上压横 S 形纹，肩腹部饰三道弦纹。施半釉，釉色青黄。

汉代青瓷五管瓶

高 26.8 厘米，中间大管口径 5.7 厘米，四小管口径约 4.6 厘米，底径 12.5 厘米。中间主瓶呈葫芦形，肩部置四小瓶，五个瓶口均为宽口沿下折，缩颈，溜肩，鼓腹，腹部饰弦纹，主瓶肩部有两圈弦纹。高圈足略外撇，中间有棱，平底略内凹。施青黄色釉，釉层薄。

东汉酱油锺

高 33.3 厘米,口径 16.7 厘米,底径 17 厘米。盘口,直径,溜肩,鼓腹,下腹弧收,小平底,圆圈足外撇。肩部饰对称桥形耳,耳上有叶脉纹,颈肩部有多道弦纹,圆圈足上有折棱纹。施黄褐色釉,釉层较薄。

东汉青瓷双系罐

高 26 厘米,直径 25.2 厘米,内口径 10.3 厘米,外口径 17 厘米,底径 15 厘米。内外双层直口,平唇,直颈,溜肩,鼓腹,平底。肩部饰对称桥形耳,耳上有叶脉纹。颈肩和上腹部有多道弦纹。施青黄色釉,釉层较厚,有缩釉。该罐俗称"泡菜坛"。

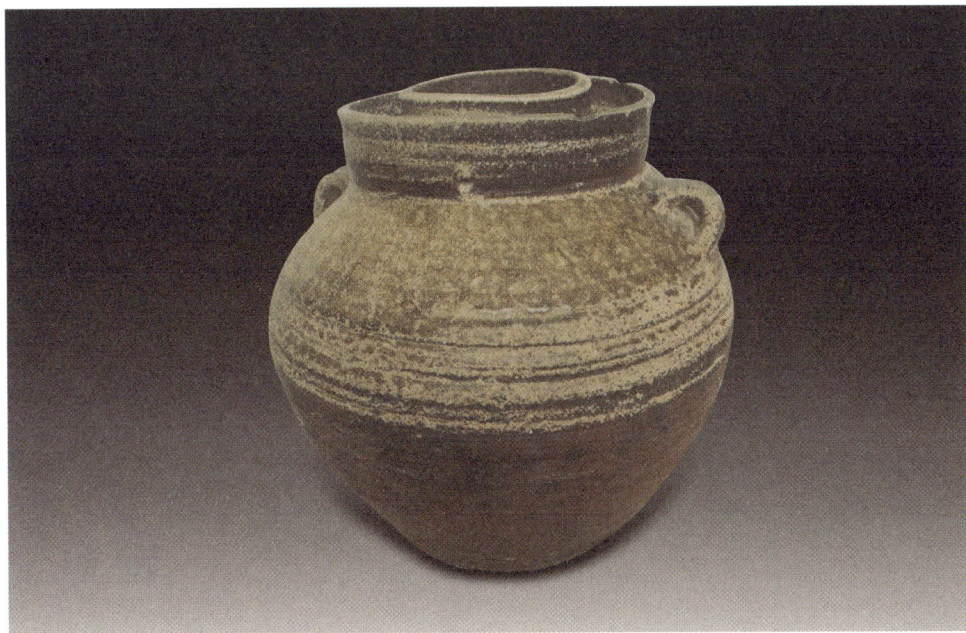

东汉青瓷盘口壶

高 36 厘米，口径 14 厘米，底径 13 厘米。盘口，直颈，溜肩，弧腹，平底。肩部饰对称桥形耳，耳上有叶脉纹。桥形耳的上下端饰两道弦纹，腹部通饰弦纹。施青黄色釉，施釉部位主要在肩部。

一、学习思考

树蓬王汉代窑址的文化层堆积大致分为三个层面，最下层是清一色筒形瓶的残片，这种筒形瓶高度在 15 厘米至 22 厘米之间，直径在 8 厘米至 12 厘米之间，当地老百姓称之为"韩瓶"。其中还有典故，据说楚汉战争时期刘邦麾下大将韩信曾带兵南下讨伐楚地，到了西汉初年，韩信在该地为王，而这种瓶是他用来装酒犒劳将士的。这种直筒形的瓶便于捆扎，装箱装筐也可最大限度地利用空间，每个瓶能装下一至两斤酒，也方便将士们饮用，所以当时大量生产。

请结合材料和所学知识，分析各种陶瓷器形的产生缘由。

二、探究活动

组建学习小组，赴戴村镇大石盖村马鞍山南坡，对石盖遗址进行野外考察活动，写一篇野外考古发掘记录，并详细描述所获得的瓷器残片的情况。

原始瓷"韩瓶"残件

第四章

六朝青瓷

　　六朝时期，青瓷生产仍以浙江、江苏地区发展最快，浙江的青瓷质量尤高。此外，淮河流域的安徽，长江中上游的江西、湖南、四川及沿海的福建、广东也发现了有地区特色的青瓷，但工艺水平不及浙江。浙江具有丰富的原材料资源和燃料资源，出现了许多著名青瓷窑，如温州地区的瓯窑、杭嘉湖西部的德清窑、金华的婺州窑等，其中越窑青瓷最为著名。

六朝的300余年间，虽然都是偏安政权，但南方战争少，社会相对稳定，为经济的迅速发展创立了良好的环境。三国、两晋是越窑青瓷的第一个发展高峰。瓷器质量高，产品种类丰富，装饰题材和装饰技法多种多样。仅实用器就可以分为餐具、酒具、文具、照明用具和卫生洁具等，而且同一大类的器物又可以分出不同的类型，有碗、盘、盆、盏、壶、罐、罍、罂、尊、钟、钵、鬲、勺、耳杯、香熏、唾壶、澄滤器等。动物题材也颇为流行，如虎子、蛙形水盂、熊形灯、蹄足砚等。汉代以来的厚葬风气在三国、两晋继续盛行，所以也有大量的随葬明器，如鬼灶、井、鸡笼、猪圈、犬舍、牛栏、火盆、锥斗、磨、堆塑罐及人物俑等。其中最具代表性的是集多种动物形象和人物、亭台楼阁于一身的堆塑罐，这种大型明器构造复杂、形象众多，代表了这一时期青瓷的最高工艺水准。

　　三国时期的萧山窑产品，胎质坚致细密，胎骨多为淡灰色，釉层均匀，釉汁洁净，早期纹饰简朴，纹样有水波纹、弦纹、叶脉纹，晚期装饰趋向繁复，出现斜方格纹，亦称网格纹，还出现了堆塑方法，器物可分为日用品和明器两大类。

【中国的母亲瓷】

　　越窑青瓷素有"母亲瓷"之称。越窑自创烧以来，一直成为南方青瓷的杰出代表，在国内外享有盛誉。越窑是中国古代南方青瓷窑，也是中国瓷窑的开山鼻祖。春秋至东汉时，中国最早的瓷器在龙窑里烧制成功。从东汉末到南宋初，越窑经历了创烧、成熟、发展、繁荣和衰落几个大的阶段，延续了1000余年，是我国持续时间最长、影响范围最广、内涵最为丰富的古窑系。

晋蹄灰陶井

三国 · 吴越窑青瓷四系罐

高 15.8 厘米，口径 11 厘米，底径 9 厘米。直口，圆唇，溜肩，鼓腹，下腹斜收，平底，外底略内凹。肩部有一道弦纹，置四桥形系。灰色胎，施青釉，釉质光滑圆润。

三国 · 吴越窑青瓷弦纹钵

高 4.5 厘米，口径 11 厘米，底径 9 厘米。直口，平唇，直腹，平底。外壁饰粗凹弦纹两周，细凹弦纹两周。内外施釉，釉呈青黄色。胎色青灰，底部露胎处有八个火红色支烧痕。

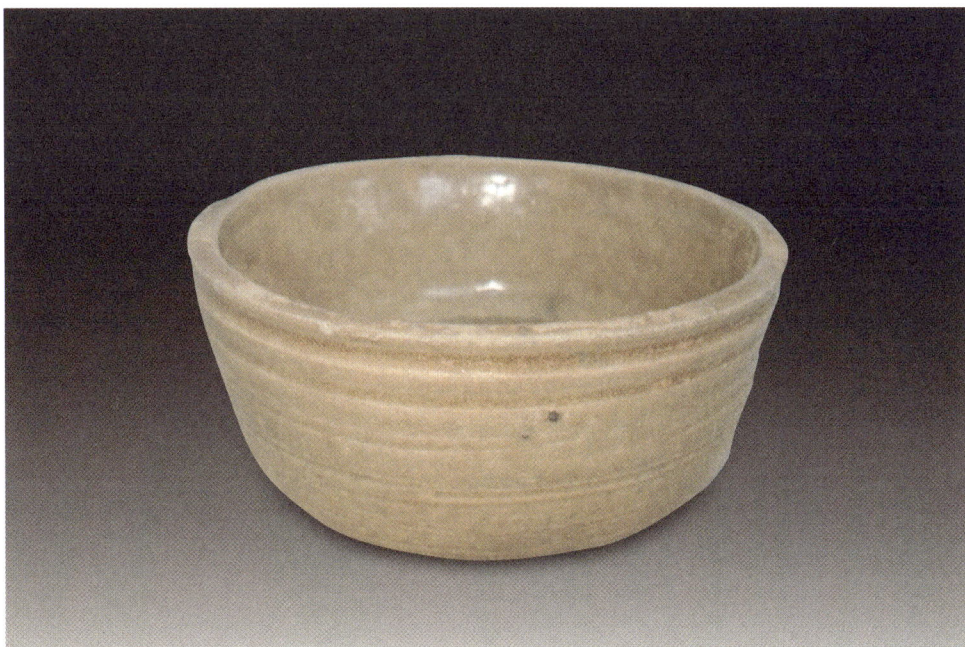

晋代早期，萧山窑青瓷一派繁荣昌盛的景象。这一时期的青瓷胎体较厚重，胎色比三国时深，呈灰或深灰色，釉层厚润均匀，釉色以青灰为主。装饰精致繁复，多用刻划、堆塑等装饰手法。

西晋越窑青瓷罂

高 18 厘米，口 径 11.6 厘米，底径 14 厘米。盘口，束颈，广圆肩，肩下折，筒腹，平底。四个桥形系和四个衔环铺首分布于肩部，肩部还饰有两道连珠纹。施青釉。器形规整，制作精美，为越窑晋瓷中的精品。

西晋越窑青瓷狮形烛台

高 8.8 厘米，长 12.8 厘米。亦称狮形辟邪，辟邪是传说的吉祥动物，为西晋越窑青瓷的典型器。一般采用捏塑成形，要求工匠有高超的艺术水平。该烛台造型生动，器身刻划的线条流畅。通体施青釉，胎呈灰色，质地紧硬致密。背部的短圆管系插放蜡烛等照明用品，此类器物多为照明用具。背部短圆管稍残。

西晋越窑青瓷竹筒形鸡笼

高 7.5 厘米，长 10 厘米。整体为横置圆柱体，平底。正面左右各开一扇门。笼顶趴一只鸡，头向下，注视下方，两门口各有一只小鸡，头向笼内。施青黄色釉，底及两侧均露胎。

西晋越窑青瓷狗圈

高 3.5 厘米，口径 8.8 厘米，底径 5 厘米。狗圈为碗形，口微敛，圆唇，圈外口沿饰有一道弦纹，腹稍鼓，弧收，平底。内卧一狗，捏塑得较为形象生动，头微仰，前左脚搭在前右脚上，两耳竖起，鼻孔张开，似乎在嗅物。通体施青釉。

西晋越窑青瓷碗

高 4.5 厘米，口径 13 厘米，底径 6 厘米。口微敛，圆唇，鼓腹，平底略内凹。上腹部饰一周斜方格纹带。内外施青釉，釉层均匀、清亮，外底露胎。

晋代越窑青瓷灶

高 12 厘米，长 20 厘米。船形，台面前后设大小两口锅台和一个圆形出烟孔。锅台内各置一锅，前面小锅上放一蒸笼。火膛口为拱形，火膛中空、无底。胎质青灰，施青釉，不及底。

晋代越窑青瓷洗

高 9.3 厘米，口径 24.5 厘米，底径 13 厘米。敛口，宽折沿，鼓腹，平底略内凹。腹部在两条凹弦纹之间饰一周斜方格纹带。内外施青釉，釉层较厚，有积釉现象，外底露胎。

东晋中期以后，青瓷器物种类减少，产品多为日常用具，如烛台、灯、盆、钵、盘碗、壶、砚等，造型趋向简朴，装饰简练，纹样以弦纹为主，并大量使用褐色点彩。这一时期，鸡头壶较为流行。

东晋越窑青瓷鸡首壶

高 16.8 厘米，口径 7.2 厘米，底径 7.5厘米。盘口，束颈，溜肩，鼓腹，平底。肩部两侧置两个对称桥形系，饰弦纹一圈。肩前塑一鸡头，昂首，长颈，竖冠，珠目，圆喙中空通腹。后部壶柄高出盘口，并与壶口相连。施青釉，釉层均匀，底部露胎。

东晋越窑青瓷龙柄鸡首壶

高 28 厘米，口径 9.3 厘米，底径 10 厘米。盘口，束颈，溜肩，鼓腹，平底略内凹。肩前部两侧饰两个桥形系。肩部塑一鸡头，直颈，竖冠，珠目，管状喙中空与腹相通。肩后部置一龙形柄，龙头高出盘口，龙嘴衔住壶口。肩部饰三道弦纹。施青釉，不及底。

东晋越窑青瓷槅

高 3.5 厘米，口径 17.5 厘米，底径 16.7 厘米。圆形，直口，平底，外底内凹。内外两口之间被均分为六个扇形格，内圈被 Y 形凸棱分成三格，腹部有一圈弦纹。施青釉，底部无釉，有七个支烧痕。

东晋越窑青瓷唾壶

高 11 厘米，口径 8.7 厘米，底径 9.2 厘米。盘口，束颈，溜肩，垂腹，平底，外底内凹。肩部饰一道弦纹。通体施青釉，釉质圆润透亮，仅外底稍有露胎。

东晋越窑青瓷点彩虎子

高 20.5 厘米，口径 6.5 厘米，底径 13 厘米。敞口，粗短颈，球腹，平底内凹。环状提梁横跨于颈部与腹部上方。顶部和肩部各饰一道凹弦纹。口部三处点彩，提梁上两处点彩，提梁下方还有一处点彩。施青釉，釉质莹润。

东晋越窑青瓷盏托

高 4.7 厘米，盏口径 8.2 厘米，托口径 13 厘米，底径 10.5 厘米。上盏下托，盏位于托盘内底一侧，整体烧制。盏为直口，圆唇，鼓腹，托盘为敞口，斜腹，平底。施青釉，不及底。

东晋越窑青瓷点彩四系罐

高 19 厘米，口径 11.7 厘米，底径 11 厘米。盘口，束颈，溜肩，鼓腹，平底略内凹。口沿均布四点褐彩，肩部置四个桥形系，肩部还饰有三道弦纹。施青釉，不及底。

东晋越窑青瓷点彩四系罐

高 10.5 厘米，口径 9.5 厘米，底径 7.5 厘米。口微敞，圆唇，短颈，平底。口沿部分三处各点缀 11 条褐色竖条纹。肩部均置四桥形系，并有弦纹装饰。施青釉，不及底。

东晋越窑青瓷点彩水滴

高 7.3 厘米，口径 4 厘米，底径 4 厘米。盘口，束颈，溜肩，鼓腹，平底。盘口上均布四点褐彩，肩上置对称两桥形系和对称两凸起的抽象羊头与羊尾。施青釉，釉质莹润透亮。

东晋越窑青瓷点彩碗

高 5.8 厘米，口径 15.8 厘米，底径 9.5 厘米。敞口，圆唇，直腹弧收，平底。素面无纹，仅口沿处有两处褐色点彩。施青釉，不及底。

东晋越窑青瓷褐彩四系罐

高 24 厘米，口径 10.2 厘米，底径 9 厘米。敞口，圆唇，缩颈，溜肩，鼓腹，下腹斜收，平底。肩部置四桥形系。施半釉，釉色青黄，上腹部有多处大块褐斑点缀，下腹部露胎处有暗红色护胎釉，有脱釉现象。胎体致密，厚重。

东晋越窑青瓷水盂

高 4.3 厘米，口径 3.5 厘米，底径 3.5 厘米。敞口，圆唇，溜肩，扁鼓腹，高台平底内凹。素面无纹，器形饱满。通体施青釉，釉质均净，有小开片。

萧山窑青瓷到了南朝时期，已明显趋于低落，窑场骤减，品种越来越少，以生产日用瓷为主。东晋后期出现的莲瓣纹装饰，成为这一时期的主要纹饰，采用刻划、模印和贴花等多种技法，折射出当时佛教在中国的发展和影响。

南朝越窑青瓷砚

高 5 厘米，口径 16.8 厘米，底径 16.3 厘米。圆形，直口，尖圆唇，浅折腹，平底。砚底内凸外凹，三蹄足略外撇。施青釉，砚面露胎，有多处支烧痕。制作已不如两晋时规整。

南朝越窑青瓷盘口壶

高 37.5 厘米，口径 18.8 厘米，底径 13 厘米。盘口，束颈，溜肩，鼓腹，平底内凹。肩部饰双复系，并饰两道弦纹。胎色青灰，施青釉，不及底。

萧山窑在历史上绵延了 1300 多年，从春秋战国一直到南朝，为越窑的雏形和早期形态，虽不能代表越窑的全部，却是奠定了越窑的发展基础，成就了隋唐时期越窑在明州（今宁波）一带的辉煌。萧山窑虽然早在南朝时就完成了历史使命，但在中国陶瓷发展史上，还是留下了辉煌的一页。

一、学习思考

"中国是瓷器的故乡……现在中国的瓷器在世界排名第六、七位，世界各地大饭店根本不用中国瓷器，很多器物只能在国外地摊上卖，无论是工艺、原料都落后了。"结合所学知识思考，该怎么更好地传承和发展传统陶瓷业？

二、探究活动

窑具是指用耐火土制成的，在焙烧过程中对坯件起间隔、支托、承垫、保护等作用的器具。间隔类窑具最初为丸状，称为"托珠"，系用含氧化铝较多的白色耐火土揉成，通常用于原始瓷碗、碟等小型器物的叠烧。之后出现齿状盂形窑具、锥形窑具、钵形垫烧窑具，最后发展成匣钵，一直沿用至今。

通过查找资料或实地考察等方式，了解窑具的主要成分、制作和具体用途。

窑具 1　城隍山窑址窑具——托珠
（其中较大的直径 4 厘米，较小的直径 2.5 厘米）

窑具 2　蜀山街道桥头陈东汉窑址长筒形垫烧窑具

（高 29 厘米，底部直径 17 厘米）

窑具 3　石盖窑址带齿盂形垫烧窑具

（高 5.5 厘米，口径 11 厘米）

窑具 4　上董窑址大型锯齿形窑具

（高 6.6 厘米，直径 17 厘米）

窑具5　上董窑址锥形窑具
（高2.3厘米，底面直径6厘米）

窑具6　上董窑址钵形垫烧窑具
（高6.3厘米，口径14.2厘米，底
径10.5厘米）

附　录

浦阳江流域出土的古陶瓷图录

新石器时代良渚文化时期红陶鼎

高 24 厘米，口径 11.5 厘米。敞口，尖圆唇，缩颈，扁腹，圆底，三扁形足，有盖，有握手，为良渚陶鼎主要器形中的一种。器物保存完好，历经数千年无损，实属难得。

商代印纹硬陶鬲

高 15 厘米，口径 20 厘米。敞口，尖圆唇，缩颈，下垂腹，颈以下饰篦划纹，三袋状足。器形饱满，充满张力，保存完好。

商代印纹硬陶袋形壶

高 21 厘米，直径 10.5 厘米。弧形扁口，束颈，溜肩，直筒形腹，平底稍内凹，腹部拍印方格纹。器形较少见，保存完好。

商代印纹硬陶尊

高 13.5 厘米，直径 16.5 厘米。敞口，束颈，斜肩，垂腹，圆底。口沿顶部有三道凸弦纹，颈肩部有四道凸弦纹，肩部置三个尖状凸起。通体拍印编织纹，品相完好。

西周印纹黑陶罐

　　高 13 厘米，直径 19 厘米。敞口，溜肩，鼓腹，平底。腹部对称置两条出脊，出脊顶部为圆环。通体拍印编织纹。

西周原始瓷盂

高 4 厘米，口径 7.2 厘米，足径 5.6 厘米。敛口，扁折腹，凹弧底，矮圈足外撇。口沿下饰有三道凸弦纹。施青褐色釉，厚层较厚，釉面有小开片。

西周原始瓷尊

　　高 11 厘米，口径 11.5 厘米，足径 8 厘米。大敞口，长直径，扁腹，高圈足外撇。肩部饰一圈斜短线状锥刺纹，内外壁都施青褐色釉，釉层较薄，内底有积釉，外底无釉。器形端庄。

西周原始瓷洗

　　高 4.5 厘米，口径 12.6 厘米，足径 6.8 厘米。直口，折肩，扁腹，凹弧平底，外撇形矮圈足。内壁由口到底，有多道旋圈。肩部贴对称的两组 S 形纹，一组为一个横的 S 形纹，另一组为两个竖的 S 形纹，中间用绳纹相连成系。施青褐色釉。

战国至西汉原始瓷罐

　　高 30.3 厘米，直径 30.7 厘米。直口，弧形唇，直颈，斜肩，鼓腹，平底。肩与上腹部施青黄色釉，釉层较厚，缩釉明显。器形硕大，制作规整，保存完好。

汉代原始瓷熏炉

高 10.5 厘米，直径 20 厘米。平口，平唇，溜肩，折腹，平底，三扁形矮足。除器顶部一口作为出烟孔，肩部还均布四个圆孔。肩腹部有弦纹数道，还刻有两圈水波纹。胎呈青灰色，肩部以上施青褐色釉，下腹无釉。

汉代绿釉陶罐

高 12 厘米，口径 9.3 厘米，底径 7 厘米。直口，平唇，溜肩，鼓腹，腹斜收，平底。肩腹部置数道凸弦纹，上腹部在两道凸弦纹中还模印一圈变形动物纹。砖红色胎，外壁满施绿釉，釉色翠绿，釉质莹润，底部露胎。器形规整，大气。在瓷器没有成熟之前，这种低温铅釉陶器是工艺最先进、装饰最华丽的陶器，代表着汉代制陶工艺的最高水平，被皇家用作随葬明器。

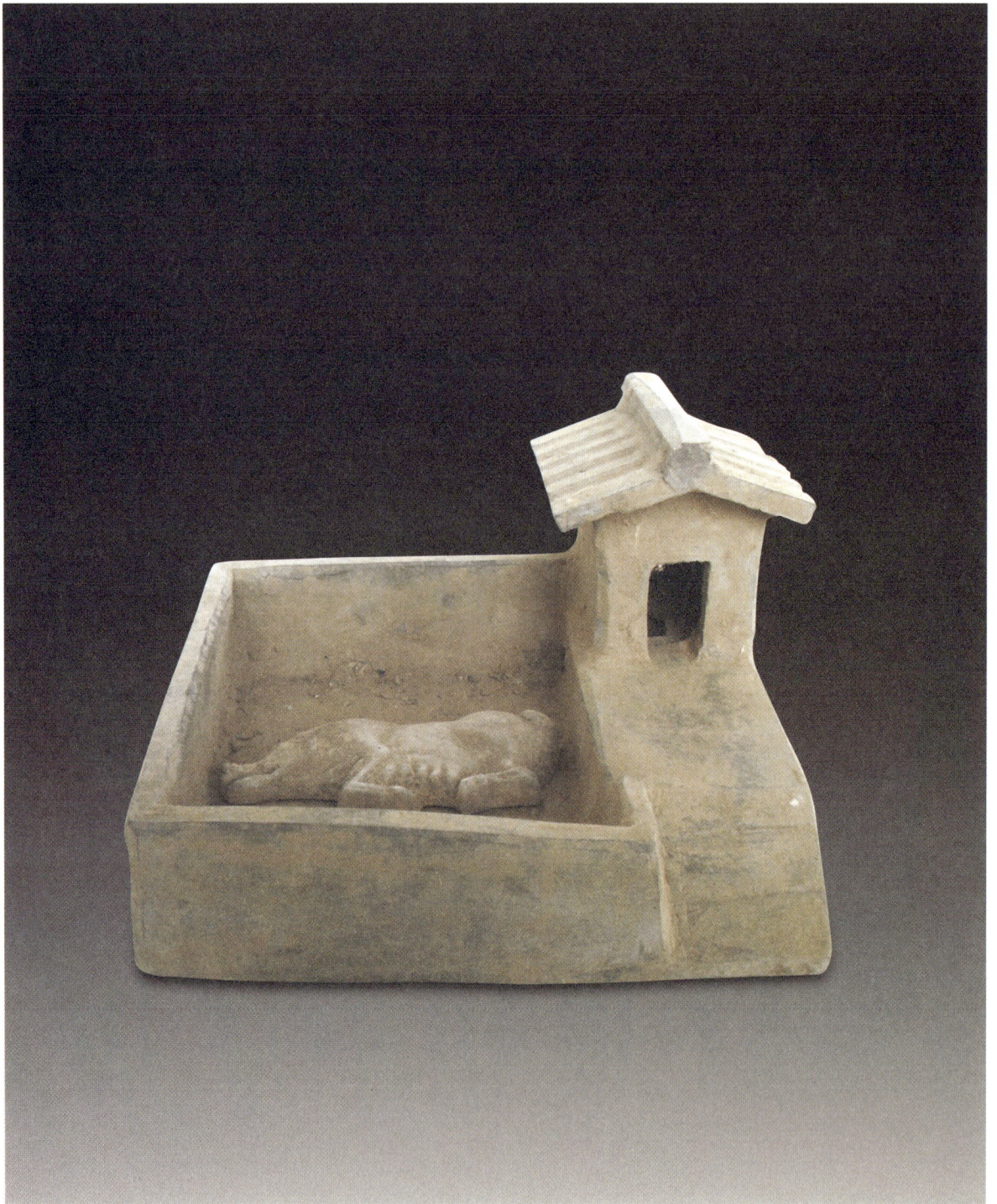

晋代灰陶连厕猪圈

　　高 13.5 厘米，长 20.5 厘米，宽 22 厘米。此为茅厕与猪圈连体制作的器形。茅厕由斜坡而上，斜坡上有刻划出的台阶，方形猪圈中横卧着一头蜷曲着四条腿的猪。造型规整，保存完好。

晋代陶盆

高 7 厘米，口径 33.5 厘米，底径 17 厘米。敞口，折沿，浅腹，平底。腹壁饰凹弦纹数道，盆底内心饰凸弦纹一周，直径为 7 厘米。浅灰色胎，制作规整。

唐代越窑青瓷四系罂

高 38.5 厘米，口径 20.5 厘米，底径 11 厘米。盘口，长颈，溜肩，鼓腹，平底。肩颈结合处置对称半环状四系，颈部内外全为粗弦纹。施青黄色釉，不及底。

唐代越窑青瓷粉盒

　　高 4.2 厘米，口径 6.5 厘米，底径 3.5 厘米。拱形盖，字母口，直腹，近底处急收，平底。盖上饰有弦纹。满施青釉，釉质圆润光洁。

唐代越窑青瓷玉璧底碗

高 4.5 厘米，口径 14.5 厘米，底径 5.3 厘米。为斗笠形，大敞口，圆唇，斜腹，玉璧底。素面无纹。通体施青釉，釉层均匀，圆润光亮。

唐代越窑青瓷双系罂

高 30 厘米，口径 14 厘米，底径 10 厘米。盘口，束颈，溜肩，鼓腹，平底内凹。肩颈结合处置对称半环状双系。内外壁内底而上全为粗弦纹，当是快轮拉坯成形时形成。底部周边全是敲打垫烧窑具时的痕迹，露青灰色胎。施青釉，不及底。

五代越窑青瓷划花碗

　　高4厘米，口径13.2厘米，底径6.5厘米。敞口，弧腹，圈足外撇。内底中心刻有一个小圆圈，并向四周伸出11道飘带状纹饰。通体饰青黄色釉，釉层均匀、光亮。

参考书目

1. （清）朱琰撰.陶说.杜斌校注.济南：山东画报出版社，2010

2. （清）张九钺编撰.南窑笔记.王婧点校.桂林：广西师范大学出版社，2012

3. 冯先铭、安志敏、安金愧、朱伯谦、汪庆正编.中国陶瓷史.北京：文物出版社，1982

4. 李知宴.中国古代陶瓷.北京：商务印书馆，1998

5. 冯先铭.中国陶瓷.上海：上海古籍出版社，2001

6. 裴光辉.越州青瓷.福州：福建美术出版社，2002

7. 夏烈编著.中国传统陶器.北京：人民美术出版社，2006

8. 潘嘉来、宋建功编著.中国传统瓷器.北京：人民美术出版社，2006

9. 张东.古瓷鉴要.杭州：浙江摄影出版社，2007

10. 萧山博物馆编著，施加农主编.萧山古陶瓷.北京：文物出版社，2007

11. 华文图景收藏项目组编.古陶器收藏实用解析.北京：中国轻工业出版社，2008

12. 姚江波.中国古代陶器鉴定.长沙：湖南美术出版社，2009

13. 伯仲编著.中国瓷器收藏鉴赏 500 问.北京：中国轻工业出版社，2009

14. 故宫博物院编.李辉柄著.中国瓷器鉴定基础.杭州：西泠印社出版社，2011

15. 王立军编著.瓷器六百问.北京：中国书店，2011

16. 叶喆民.中国陶瓷史（增订版）.北京：生活•读书•新知三联书店，2011

17. 宋建文主编，沈泓、裴华编著.瓷器.北京：中国轻工业出版社，2013

后 记

　　杭州市萧山区第二高级中学地处萧山南片的千年古镇，这里经济发达又有历史的传承和特殊地域文化的滋养。南片山清水秀的地理环境、平和质朴的人文精神、历史悠久的吴越文化形成了独特的区域文化优势，这种深厚的历史文化内涵为学校课程的开发提供了精神源泉。2006年在浙江省第一次课程改革时，学校就充分利用当地丰富的古窑址资源，成立了相关的兴趣学习小组和学生学习社团，开展了一系列相关的研究性课程。同学在指导老师的带领下，多次前往各个窑址进行实地考察，采集陶瓷标本。经过六年的努力与经营，学校专门设立"南片文化陈列室"，主要陈列师生从各个窑址实地考察所采集的各类标本，如当地出土的古陶瓷器皿、新石器时代的玉器、骨器和古代民俗文化用品等六大类约3000件器物。"南片文化研究"系列课程经过师生的不断研究与开发，已成为学校的品牌和精品课程。

　　当然，随着萧山经济的快速发展，萧山窑面临着令人担忧的局面。一些窑址成了民居、公路；一些窑址还未经文保单位确认，就已难觅踪影，甚至一些市级文物点也遭到了破坏。我们利用课程学习这一载体，用图片、文字来真实地记录我们所考察的内容，一方面是基于我们的兴趣与爱好，更主要的是唤醒人们对萧山窑址保护的意识，并能采取一些积极而有效的行为来传承地域文化，而不使其湮没在历史的长河中。

　　本书从开始考察到正式成稿，前后共花费了几年时间，每一步的进展都得到了很多人的支持和帮助。首先，要感谢浙江三弘集团对《浦阳江流域（萧山）文化研究丛书》的鼎力资助。其次，要感谢萧山古窑址所在地进化、所前、浦阳等镇政府和文化站工作人员的支持。再次，丛书编委会对课程内容的完善与丰富做出了卓有成效的努力，尤其是学校领导对课程开发的大力扶持。最后，在丛书的审定过程中，浙江大学陆敏珍教授及博士生徐爽对书稿的框架、文字的修改等给予的帮助，在此一并致谢。

《浦阳江流域（萧山）文化研究丛书》编委会

图书在版编目（CIP）数据

萧山窑 / 浦阳江流域（萧山）文化研究丛书编委会
编著. — 杭州：浙江大学出版社，2013.8
　　ISBN 978-7-308-12118-7

　　Ⅰ．①萧… Ⅱ．①浦… Ⅲ．①陶窑遗址－介绍－杭州市
②瓷窑遗址－介绍－杭州市③古代陶瓷－鉴赏－杭州市
Ⅳ．①K878.5②K876.3

　　中国版本图书馆CIP数据核字(2013)第195065号

萧山窑
浦阳江流域（萧山）文化研究丛书编委会　编著

责任编辑　葛玉丹（gydan@zju.edu.cn）
封面设计　项梦怡
出版发行　浙江大学出版社
　　　　　（杭州市天目山路148号　　邮政编码　310007）
　　　　　（网址：http://www.zjupress.com）
排　　版　杭州林智广告有限公司
印　　刷　杭州下城教育印刷有限公司
开　　本　889mm×1194mm　1/16
印　　张　6.25
字　　数　50千
版 印 次　2013年8月第1版　2013年8月第1次印刷
书　　号　ISBN 978-7-308-12118-7
定　　价　30.00元

版权所有　翻印必究　印装差错　负责调换
浙江大学出版社发行部联系方式：0571-88925591；http://zjdxcbs.tmall.com